July 9/15

Lydia Bailey

Illustrations de
Olena Kassian

Texte français de
JOCELYNE HENRI

Scholastic Canada Ltd.

D1303856

Édition publiée par Scholastic Canada Ltd., 123,
Newkirk Road, Richmond Hill (Ontario) Canada L4C 3G5.

6 5 4 3 2 1   Imprimé au Canada   3 4 5 6 /9

Données de catalogage avant publication (Canada)
Bailey, Lydia
    S.O.S. — les animaux des prairies

(S.O.S. : 3) .
Traduction de: Vanishing animals of wide open spaces..
ISBN 0-590-73069-X

1. Espèces en danger - Ouvrages pour la jeunesse.
2. Faune des prairies - Ouvrages pour la jeunesse.
I. Kassian, Olena. II. Titre. III. Collection:
Bailey, Lydia. S.O.S. ; 3

QL115.3.B314 1993   j591.52'9   C93-093650-7

La prairie fourmille d'animaux sauvages qui galopent dans les plaines ou avancent avec peine à travers les déserts arides. Ils broutent de l'herbe, se vautrent dans des mares de boue et creusent des tunnels sous terre. De nos jours, plusieurs de ces animaux sont en danger. Les humains les capturent pour en faire des animaux de compagnie ou les tuent pour le commerce. Ils sculptent des bijoux dans leurs défenses et dans leurs cornes et fabriquent des plumeaux avec leurs plumes. Chaque année, de plus en plus de gens envahissent leurs habitats et les délogent.

Dans ce livre, tu feras la connaissance de quelques **espèces menacées**. Certaines te sont familières et d'autres te sont inconnues. Mais tous ces animaux ont une chose en commun. Ils ont besoin de notre aide pour survivre.

Tu peux serrer la main de tes amis, mais peux-tu leur serrer le nez? L'**éléphant** en est capable. Quand deux éléphants se rencontrent, l'un met le bout de sa trompe dans la bouche de l'autre. Il le touche et le sent comme s'il voulait lui dire : Bonjour! Comment vas-tu?

Mais ce n'est pas la seule chose qu'un éléphant puisse faire avec sa trompe. Quand il a faim, il se sert de sa trompe longue et mince pour ramasser des noix sur le sol et pour atteindre les feuilles les plus succulentes au sommet des arbres. S'il a chaud, l'éléphant peut aussi s'en servir pour boire de l'eau et même pour se donner une douche froide.

Avec un tel nez, qui a besoin de mains?

Ce n'est pas étonnant qu'on appelle le **lion** le roi des animaux. Avec sa crinière gracieuse telle une couronne, ses grands yeux dorés et son puissant rugissement, le lion ressemble à un roi se promenant fièrement dans son royaume.

Le rugissement de certains lions est doux, tandis que celui de certains autres peut être assez puissant pour te jeter par terre. Pourquoi le lion rugit-il? Personne ne le sait avec certitude. Peut-être veut-il avertir d'autres mâles de rester en dehors de son territoire. Peut-être appelle-t-il des membres de sa famille qui sont plus loin. Une chose est certaine cependant. Le rugissement d'un lion est un son que tu n'oublieras jamais.

S'il t'est déjà arrivé de monter sur un chameau, tu sais pourquoi on l'appelle le vaisseau du désert. Cet animal, qui ressemble à un bossu aux longues pattes, se balance de droite à gauche en marchant. Se promener à dos de chameau procure la même sensation que d'être à bord d'un bateau qui roule sur les vagues.

Pour une longue randonnée dans le désert, tu devras apporter des quantités de nourriture et d'eau. Ce n'est pas le cas du **chameau sauvage**. Il se nourrit de la graisse emmagasinée dans ses deux bosses. Il peut aussi se priver d'eau pendant cinq à six jours. Cela ne veut pas dire que le chameau n'a pas soif. Quand il approche d'une oasis, il accourt vers la source d'eau pour faire le plein, tout comme tu le fais par une chaude journée d'été.

Tu pourrais croire que les dragons ne sont que des créatures imaginaires de contes de fées. Mais savais-tu qu'il existe réellement des dragons vivants de nos jours? Le **varan de Komodo** est un gigantesque lézard qui possède une longue langue jaune, une queue puissante, des dents aussi pointues qu'un poignard et des griffes qui peuvent déchirer une chèvre, un cochon ou même un humain adulte!

En grandissant, le varan de Komodo devient gros et féroce. Quand il est jeune, il est petit et peureux. Il vit au sommet des arbres et il n'aime pas du tout en descendre. Pourquoi? S'il descendait sur le sol, un varan de Komodo plus gros pourrait le manger!

Qu'est-ce qui était poilue, qui rampait et glissait et qui vivait sur Terre bien avant les dinosaures? L'**araignée téraphoside aux genoux rouges**, bien sûr.

Cette araignée doit son nom aux poils rouges qui poussent le long de ses pattes. Elle est si grosse et si lourde qu'elle ne peut tisser une toile assez solide pour la soutenir. Elle vit plutôt dans un terrier. La femelle araignée passe des heures et des heures à tisser un sac soyeux pour ses oeufs. Une fois qu'ils sont nés, les bébés aident leur mère à tisser une toile afin d'y vivre jusqu'à ce qu'ils soient prêts à quitter leur nid.

Le **rhinocéros noir** aime manger et dormir. Mais ce qu'il préfère avant tout, c'est se vautrer dans un bain de boue. Chaque soir, le rhinocéros noir fait exactement la même chose. Après un repas succulent de brindilles et de feuilles, arrosé de beaucoup d'eau, le rituel de la baignade commence. Le rhinocéros se couvre le corps de boue le plus possible. Plus il y en a, plus il est content. Ensuite, il se roule et se tortille dans la poussière. Pourquoi le rhinocéros aime-t-il se salir autant? La boue et la poussière gardent sa peau au frais et chassent les insectes piqueurs.

Aimerais-tu prendre un bain à la manière du rhinocéros?

La demeure du **wombat au nez poilu** ressemble à une maison sombre composée uniquement de tunnels.

Les wombats aiment creuser presque autant qu'ils aiment dormir. Ils font la sieste presque toute la journée. Le soir venu, ils se mettent au travail et creusent de longues galeries sous terre. Certaines galeries sont assez larges pour qu'un enfant puisse y ramper. Mais fais attention! Les wombats sont reconnus pour se débarrasser de leurs hôtes indésirables en les chassant à coup de pattes hors de leurs nids souterrains.

Ce soir, il y a un bandit masqué en liberté dans la plaine. Qui peut-il être? Nul autre que le **furet à pattes noires**. Comme un voleur, ce petit animal en forme de saucisson arbore un masque de fourrure noire sur la face. De plus, toujours à la manière d'un voleur, le furet préfère travailler la nuit lorsqu'on ne peut le voir. Que cherche-t-il? Probablement son mets préféré, le chien de prairie.

Quand le soleil se couche, le furet se glisse silencieusement dans le terrier d'un chien de prairie. Rampant dans le long tunnel sur ses quatre pattes noires, le furet est à la recherche d'un chien de prairie endormi. Puis... c'est l'attaque subite! Le furet à pattes noires tient maintenant son repas.

Ne te risque jamais à faire une course avec un **guépard**.
Tu ne pourras jamais gagner. Ce gros chat peut courir aussi
vite qu'une automobile de course. Prends garde à toi s'il
part à la chasse en quête de nourriture! Aucun animal sur
terre ne peut rattraper le guépard.

 Ce gros chat est parfois difficile à repérer. Le guépard,
avec son manteau beige et noir, pourrait se tapir dans
l'herbe à côté de toi et tu ne t'en apercevrais même pas.
Imagine-toi comme ce serait amusant d'avoir un tel habit de
camouflage!

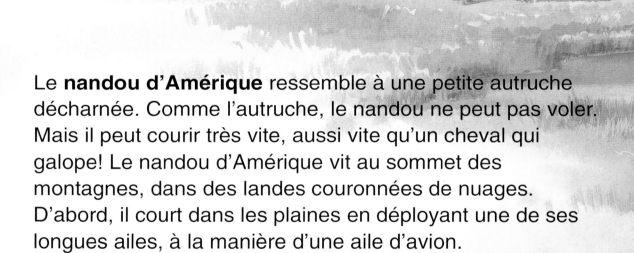

Le **nandou d'Amérique** ressemble à une petite autruche décharnée. Comme l'autruche, le nandou ne peut pas voler. Mais il peut courir très vite, aussi vite qu'un cheval qui galope! Le nandou d'Amérique vit au sommet des montagnes, dans des landes couronnées de nuages. D'abord, il court dans les plaines en déployant une de ses longues ailes, à la manière d'une aile d'avion.

Le mâle prend soin des oeufs de plusieurs femelles. Il prépare un nid. Puis les femelles se placent autour du nid pour pondre leurs oeufs. Le mâle aide parfois en attrapant un oeuf sur son aile pour le faire rouler dans le nid. Il s'assoit ensuite sur les oeufs pour les couver. Quand les oeufs sont éclos, le mâle s'occupe tout seul des petits.

Moitié cheval, moitié zèbre, voilà à quoi ressemblait le **couagga**. Il n'y a pas si longtemps, de grandes troupes de ces chevaux sauvages galopaient dans les plaines d'Afrique. De nos jours, il n'en existe plus aucun. Les chasseurs tuaient ces animaux étonnants pour leur chair et pour leur magnifique robe rayée. Le couagga est maintenant **disparu à jamais** de la surface de la Terre.

Le couagga est disparu, mais les autres animaux de ce livre sont encore avec nous. Il est vrai qu'il n'en reste plus beaucoup. Mais nous pouvons les sauver. Si nous travaillons tous ensemble, nous pouvons assurer la survie de ces espèces menacées.